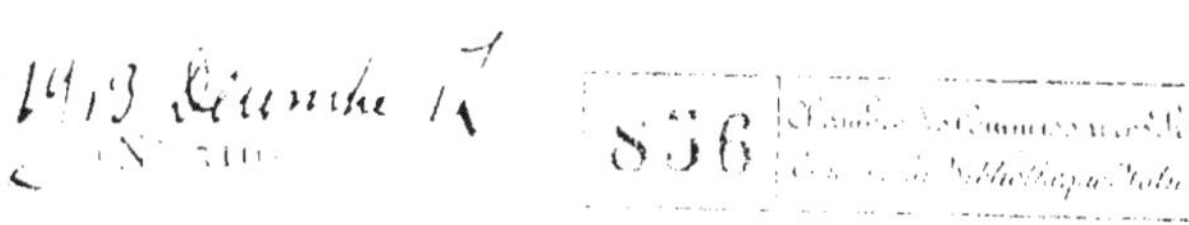

COLLECTION D'UN AMATEUR

Vente du Mercredi 17 Décembre 1913

HOTEL DROUOT — SALLE N° 10

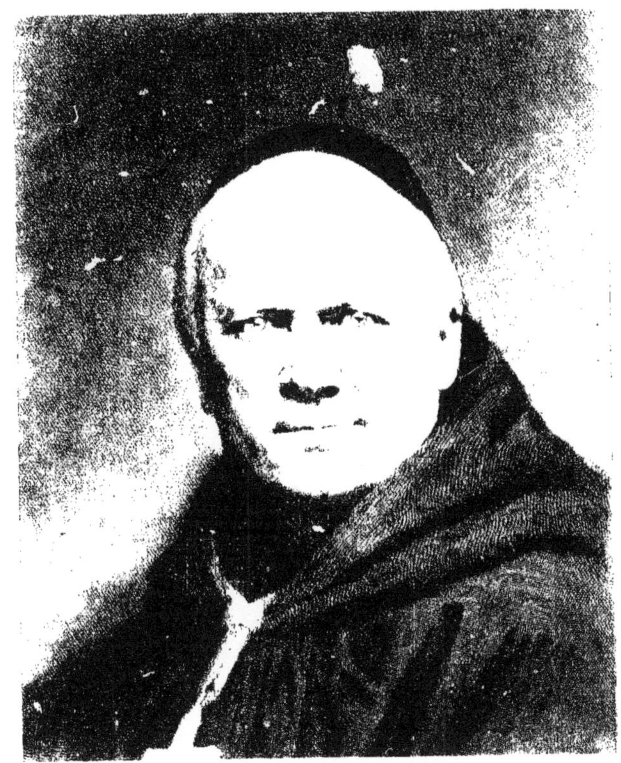

M. ANDRÉ DESVOUGES — M. LOYS DELTEIL

EXPOSITION PUBLIQUE, HOTEL DROUOT, SALLE N° 10

Le Mardi 16 Décembre 1913, de 2 h. à 6 h.

FRAZIER-SOYE, IMPRIMEUR
155, 157, RUE MONTMARTRE
o o o o o o o o PARIS

CATALOGUE

DES

ESTAMPES

ANCIENNES

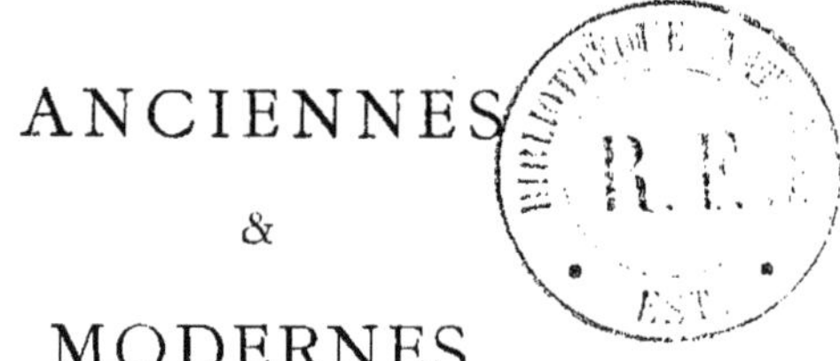

&

MODERNES

Composant la Collection d'un Amateur.

Dont la vente aura lieu

à Paris, HOTEL DROUOT, Salle N° 10

Le Mercredi 17 Décembre 1913

à 2 heures précises

Par le Ministère de Me ANDRÉ DESVOUGES

COMMISSAIRE-PRISEUR

26, Rue de la Grange-Batelière

Assisté de M. LOYS DELTEIL, Graveur et Expert

2, Rue des Beaux-Arts

CONDITIONS DE LA VENTE

Elle sera faite au comptant.

Les adjudicataires paieront *dix pour cent* en sus des enchères.

M. LOYS DELTEIL remplira les commissions que voudront bien lui confier les amateurs ne pouvant y assister.

MM. les Amateurs pourront visiter la collection, 2, *rue des Beaux-Arts*, du Lundi 8 au Lundi 15 Décembre 1913, de 2 heures à 5 heures. *(Le Dimanche 14 excepté)*

EXPOSITION PUBLIQUE, HOTEL DROUOT, SALLE N° 10

Le Mardi 16 Décembre 1913, de 2 h. à 6 h.

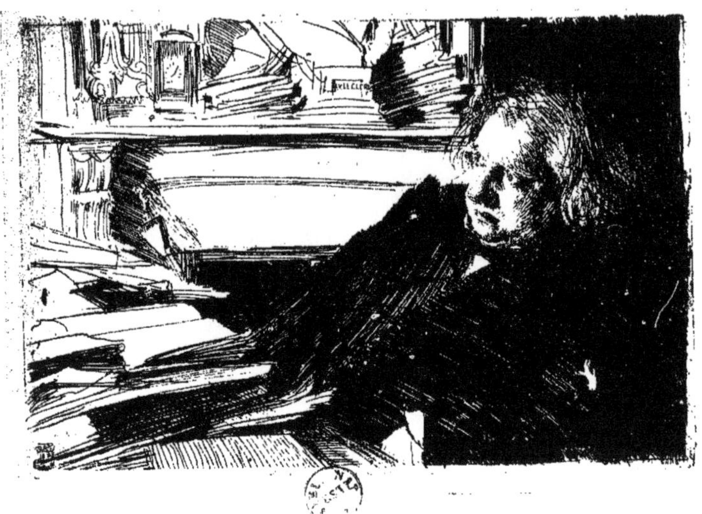

N° 257 du Catalogue.

DÉSIGNATION

ALIX (P. M.)

1. Bernadotte, d'apr. H. Le Dru. Belle épreuve.

2. Diderot, d'apr. L. M. Vanloo — Montaigu, d'apr. Dumonstier. Deux pièces. Belles épreuves, *impr. en couleurs.*

3. Corday (Charlotte). Belle épreuve, *imp. en couleurs.*

4. Marat (J. P.), d'apr. Garneray. Très belle épreuve, *imp. en couleurs.*

ALMANACH

5. Famille Royale de France, 1668. Partie supérieure d'un almanach. Très belle épreuve.

AMÉRIQUE (Estampes relatives à l')

6. Lafayette, en prison, par Smith, d'apr. Morland. In-fol. Belle épreuve.

7. *Départ du Général Parisien...* — Mirabeau (reçu par Franklin) arrive aux Champs-Elysées, par Masquelier, d'apr. Moreau le jeune. — Franklin, par Chevillet, d'apr. Bounieu — Lafayette, par Devéria, 1823 — Chr. Colomb, par Mercuri, cinq pl. Belles épreuves.

AUDRAN (Benoît)

8. Colbert (J. B.), d'apr. C. Le Febvre. Très belle épreuve.

BEATRIZET (Nicolas)

9. Henri II, roi de France (R. D. 40). Très belle épreuve.

BEISSON (Étienne)

10. Marat, d'apr. J. Boze. Belle épreuve, *avant la lettre*, toute marge — Mirabeau, d'apr. le même (un coin refait). Deux pièces.

BERNARDINI

11. Jean Bart, d'apr. Rigaud. Très belle épreuve.

BERVIC (Ch. Cl.)

12. Louis XVI, en pied, d'apr. Callet. Belle épreuve. On y a joint le portrait en pied de Marie-Antoinette, par B. Roger, tirage moderne.

BOISSIEU (J. J. de)

13. Boissieu (J. J. de), par lui-même — Intérieur de Ferme. Deux pièces. Très belles épreuves, sur chine.

BONASONE (Julio)

14. Raphaël Sanzio (347). 1er état — Buonarotti (M. A.) Deux pièces. Belles épreuves.

BONNARD (P.) — BÉJOT — BODMER BEAUFRÈRE

15. Le Verger — Pontons des bateaux parisiens — Le bord du ruisseau — Françoise au puits. Quatre pièces. Belles épreuves, (3 signées).

BOUTET (Henri)

16. *Cancalaises*, texte par H. Devillers — Paris, Floury, 1903. L'un des 30 exempl. sur japon, *avec double suite* des gravures, signés par les deux auteurs.

BOUTET DE MONVEL (M.)

17. Jeanne d'Arc — Paris, Plon et Nourrit, 1896 — 1 vol, in-4°, dem. rel. coins. Exempl. (N° 65) sur japon.

BRACQUEMOND (F.)

18. Astruc (Zacharie) (H. B. 9). Superbe et très rare épreuve du 1er état.

19. Goncourt (Edmond de) (54). Très belle et rare épreuve du 1er état, sur japon, *signée* (légère épidermure).

20. La même estampe. Très belle épreuve, *avant la lettre*, sur japon, *signée*.

21. Le Haut d'un battant de porte (110). Très belle épreuve, *avant la 1re date*, sur japon. Coll. Giacomelli.

21 *bis*. Trembles au bord de la Seine (218) — L'Allée dans le bois. Deux pièces. Belles épreuves (*une signée*).

22. Ebats de canards (221). Superbe épreuve *d'essai, avec dédicace*, sur japon.

23. Le Vieux Coq (222). Très belle et très rare épreuve du 1er état, sur japon, *signée* (dédicace corrigée).

24. Les Mouettes (223) — Faisans, 1899. Deux pl. Belles épreuves (la 2e sur parchemin, *signée*).

25. Brumes du Matin (779). Très belle épreuve, *signée.*

26. Jeannot Lapin. Superbe et très rare épreuve du 1er état, *signée.*

27. Les Puiseuses d'eau, d'apr. J. F. Millet (785). Très belle épreuve *d'état*, *signée.*

28. Le Printemps, d'apr. J. F. Millet (787). Superbe épreuve, *avec* la remarque non publiée, *signée.*

29. Automne, d'apr. J. F. Millet (788). Très belle épreuve d'état, *avec* la remarque, *signée.*

30. Cladel (Léon) — Gautier (Théophile) — Dernière réflexion (Meyer-Heine) — Comte (Auguste) — Carnot (Sadi), 1re planche — Erasme, d'apr. Holbein. Quatre pièces. Belles épreuves.

30 *bis*. Les Taupes (134) — Moutons parqués, d'apr. Brendel (255) — Le Lièvre, d'apr. A. de Balleroy (277) — Le Cheval blanc, d'apr. Corot — L'Abreuvoir, d'apr. Rousseau — Gypaëtes. — Six pl. Belles épreuves (la dernière *signée*).

31. Faisan. Dessin au crayon noir, signé : B.

BROMLEY (W.)

32. *The right honourable lord viscount Nelson*, d'apr. R. Bowyer, 1809. Belle épreuve. Rare.

BUHOT (Félix)

33. Une Jetée en Angleterre (132). Superbe épreuve du 2e état, *avec* les croquis, *timbrée.*

34. La Taverne du Bagne (163). Superbe épreuve, *tirée en 2 tons, timbrée.*

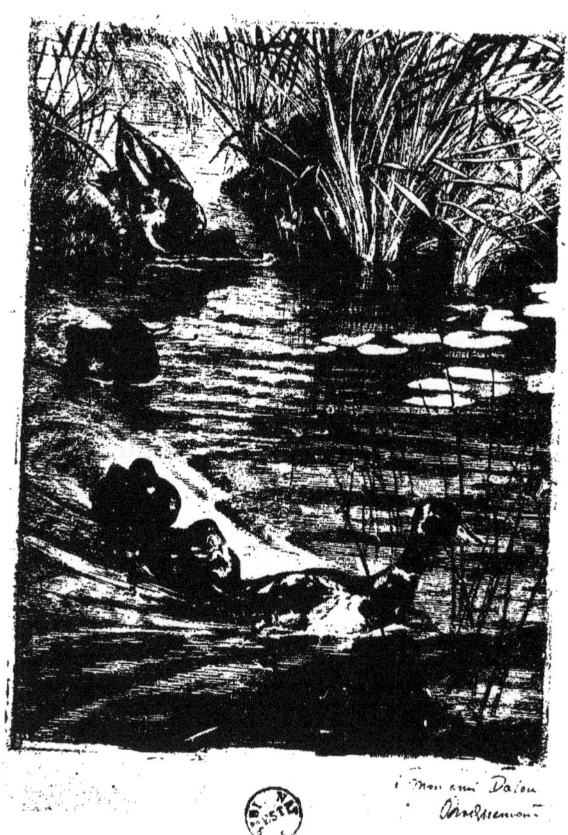

N° 22 du Catalogue.

35. La Falaise, baie de St-Malo (165). Très belle épreuve avec les fausses marges tirées en ton bleuté *timbrée.*

CALAMATTA (L.)

36. Sand (George), (H. B. 40, 1er état et 41). Deux pièces. Belles épreuves.

CALAMATTA (L.) — MONNIN — LÉVY (G.), etc.

37. Guizot (F.), d'apr. P. Delaroche — Beranger, d'apr. Louveau et Sandoz — Vauvenargues, par Colin, 2 états — A. Mickiewicz, par Danguin — Nieuwerkerke, par A. Riffaut. Sept pièces. Belles épreuves.

CAMERON (D. Y.) — MAC LAUGHLAN STORM de GRAVESANDE

38. Arran (R. 43) — La Forge — Paysage de Hollande. Trois pièces. Belles épreuves.

CARRIÈRE (Eugène)

39. Verlaine (Paul) (Loys Delteil 26). Très belle épreuve sur chine.

40. Puvis de Chavannes, 2e pl. (32). Très belle épreuve sur chine, *signée* (piqûres en marge).

CHAHINE (Edgar)

41. Canal St-Martin. Très belle épreuve *tirée en 2 tons*, *signée* (2/15).

CHAHINE — RAFFAELLI — SUNYER — BORREL

42. Stevens (Alf.) — La Vallée fertile — Banlieue — Vieille Femme — L'Ostensoir. Cinq pl. Belles épreuves (une *avt la lettre*, deux autres *signées*).

CHARDIN (d'après J. B. S.)

43. Chardin, d'après lui même, par Chevillet. Très belle épreuve.

CHEREAU (F.) — DAULLE (J.)

44. Renaudot (Eusèbe), d'apr. J. Ranc — Baron, d'apr. De Troy. Deux pièces. Belles épreuves.

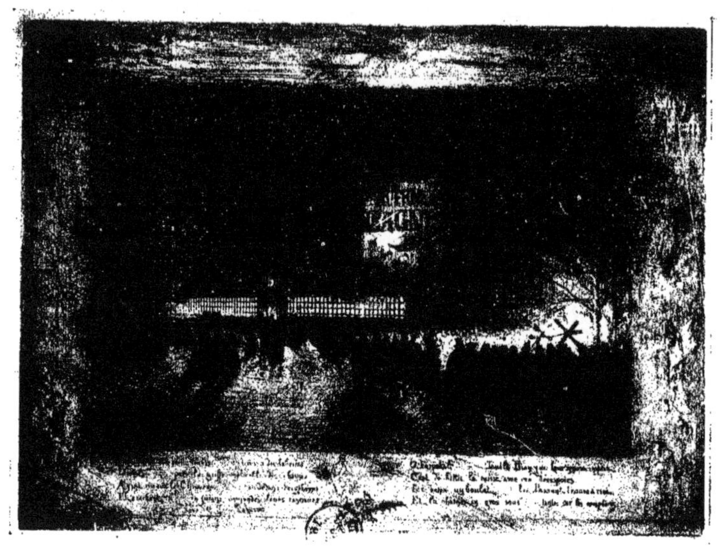

N° 34 du Catalogue.

COCHIN Père et Fils (C.N.)

45. Cérémonie du Mariage de Louis, Dauphin de France avec Marie-Thérèse d'Espagne — Décoration du Bal Masqué à l'occasion du mariage du Dauphin. Deux pl. grand in-fol. Belles épreuves.

COLIN (Paul)

46. Le Parc aux moutons — La Traite des vaches — Jules Renard. Trois pièces, deux *signées* (la 2e *imp. en couleurs*).

COQUERET (P. C.) — ALLAIS (L. J.)

47. Masséna — Kléber. Deux pl. d'après H. Le Dru et Boilly. Belles épreuves.

COROT (J. B. C.)

48. Souvenir d'Italie (Loys Delteil 5). Belle épreuve du 3e état (sur 4).

49. Environs de Rome (6). Belle épreuve du 2e état (sur 3).

COSSIN (L.) — DARET (P.) — COUVAY

50. Conrart (J.), d'apr. Barthelemy — Du Verger de Hauranne — Machiavel — Christine de Suède — Fouquet (N.) — Sevin (N.). Six pièces. Belles épreuves.

COTTET (Charles)

51. Barques de pêches, soleil couchant. Très belle épreuve, *tirée en couleurs*, *signée* (n° 3).

DAUBIGNY (C. F.)

52. Soleil couchant (84), 1er état — Parc à moutons, le matin (86). Deux pièces. Belles épreuves.

53. Les Bords du Cousin — L'Aurore — Le Verger — l'Approche de l'Orage — Le Berger et la Bergère — Les Vendanges — Les petits Oiseaux. Sept pl. Belles épreuves.

DAUCHEZ (André)

54. Maisons sur la côte. Très belle épreuve, *signée*.

DAULLÉ (J.)

55. Dauphin (Mgr le), père de Louis XVI, d'apr. A. S. Belle. Très belle épreuve.

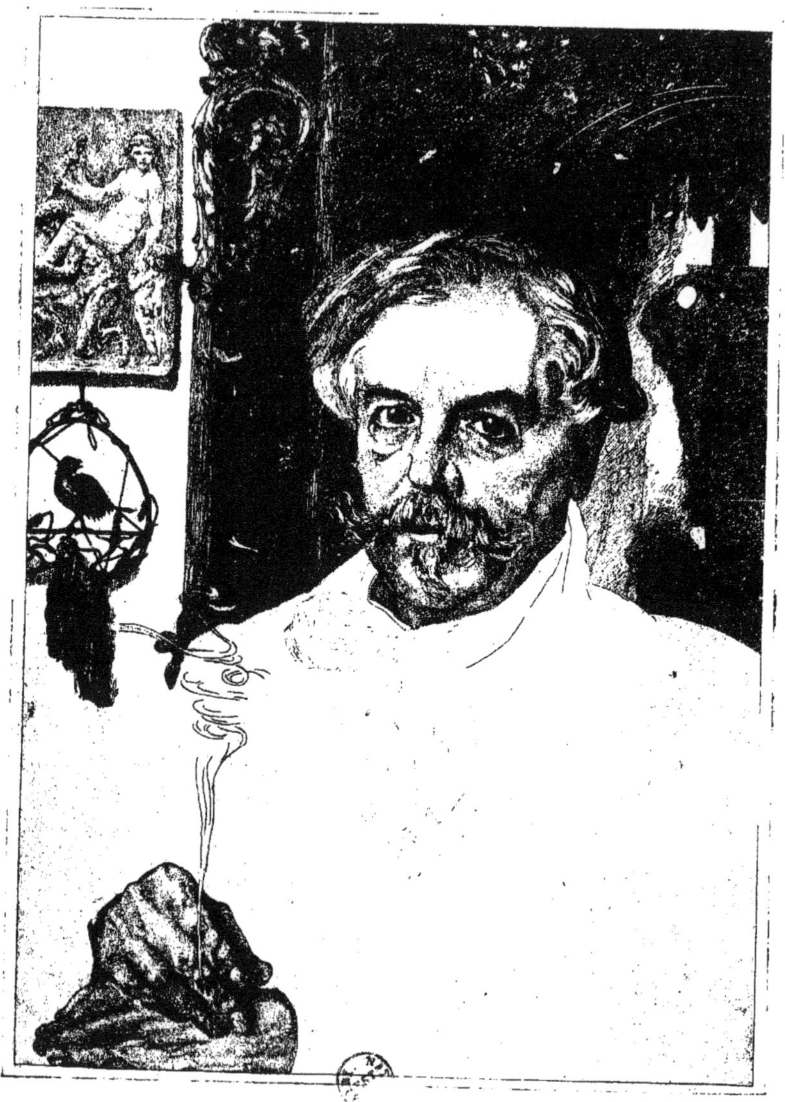

N° 19 du Catalogue.

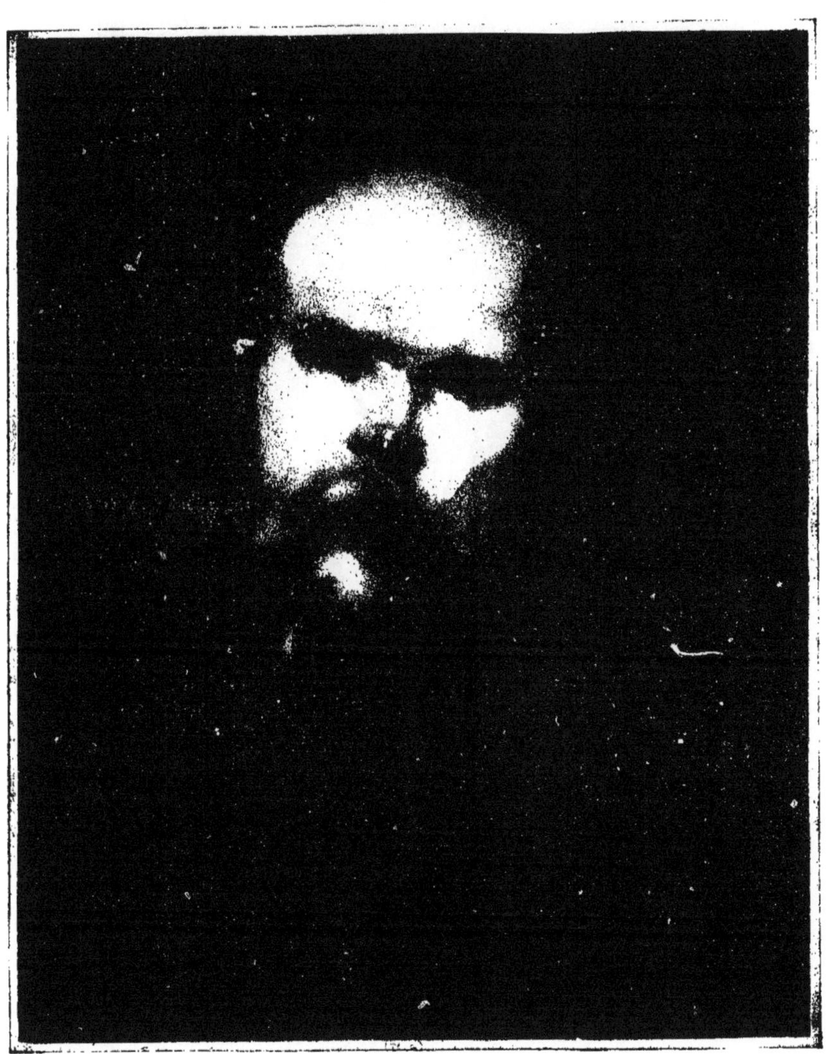

N° 39 du Catalogue

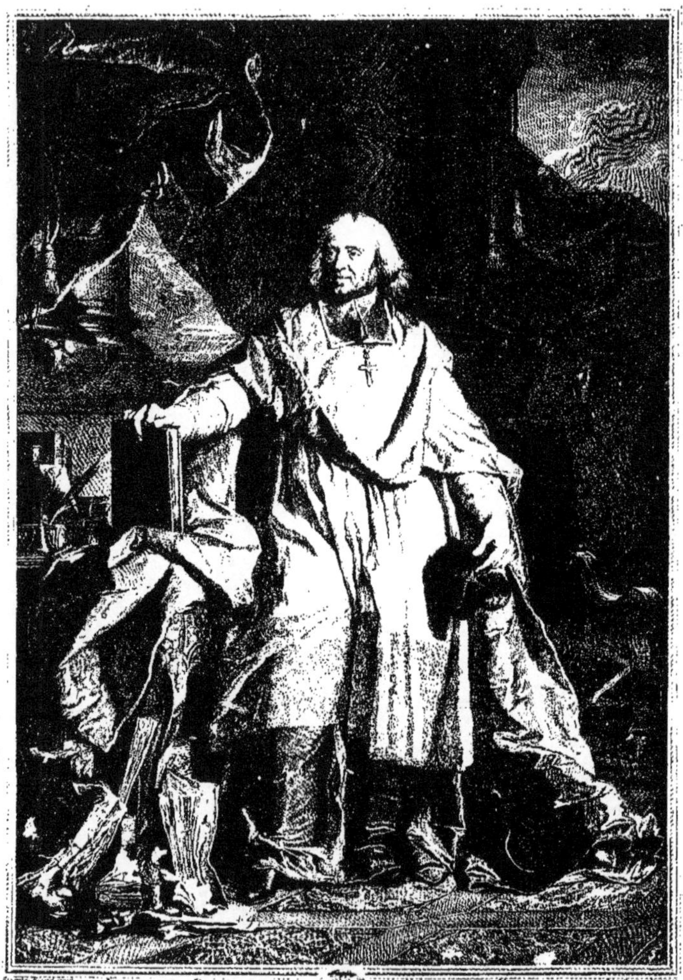

N° 80 du Catalogue.

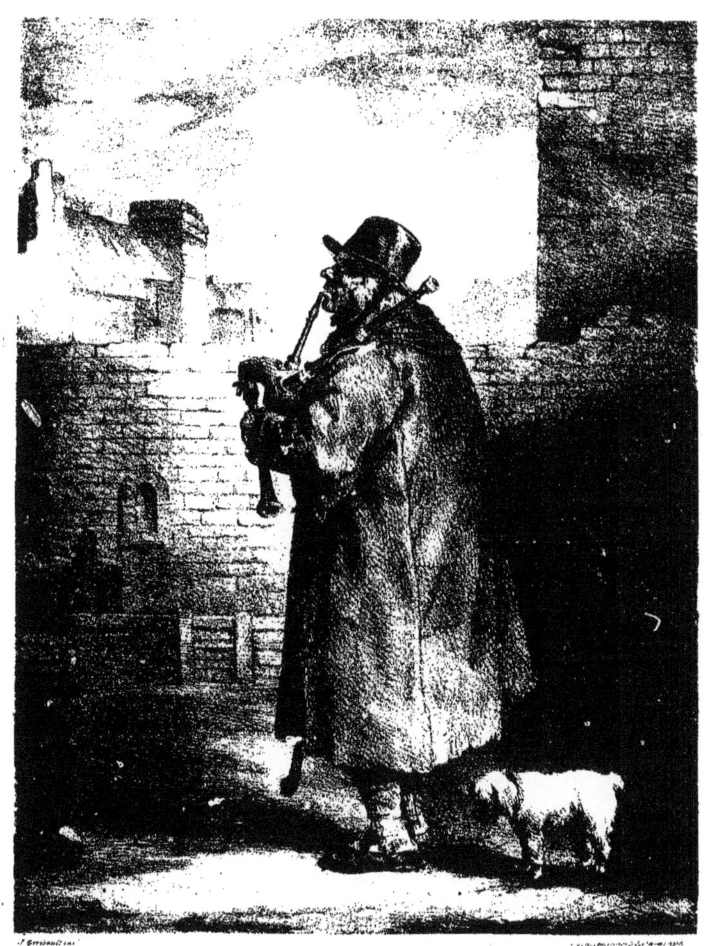

THE PIPER.

N° 119 du Catalogue.

56. Mlle Favart, d'apr. C. Vanloo. Belle épreuve.

57. Mignard (Catherine), C^sse de Feuquière, d'apr. P. Mignard. Très belle épreuve (l'angle supérieur gauche restauré).

DELAUNEY (A.)

58. Notre-Dame : façade et Abside. Deux pl. grand in-fol. Très belles épreuves (la 1re *avant la lettre*).

59. Cathédrale de Reims. Très belle épreuve, *avant la lettre*.

60. Cathédrale d'Amiens. Très belle épreuve, *avant la lettre*.

61. Cathédrale de Cologne. Très belle épreuve, *timbrée*.

DELTEIL (Loys)

62. Honoré Daumier. Très belle épreuve, *avant la lettre, signée*.

DEMARTEAU (G.)

62 *bis*. Vanloo (C.), d'apr. lui-même. Bonne épreuve, *tirée en sanguine* (doublée).

DESBOUTIN (Marcellin)

63. L'Homme à la pipe (M. Desboutin). Grand in-fol. Très belle épreuve, *signée*.

64. Daumier (Honoré). Très belle épreuve, *signée*, de la Collection Goncourt.

DEVÉRIA (Achille)

65. A. Dumas, assis sur un canapé (B. 16). Belle épreuve sur chine. Rare.

66. Hugo (Victor), 1829 (24). Belle épreuve sur chine.

67. Lamartine (A. de) (27) — Vigny (Alfred de) (39). Deux pièces. Très belles épreuves sur chine.

68. Liszt, 1832 (29). Belle épreuve sur chine.

DEVÉRIA (A.) — BELLIARD (Z.)

69. David d'Angers (14) — Lablache (26) — Gay Lussac. Trois pièces. Belles épreuves.

DEZARROIS (A. F.)

70. Bretonnes au Pardon, d'apr. Dagnan-Bouveret. Très belle épreuve, *avant toute lettre*, sur chine.

DIETRICY (C. W. E.)

71. Jésus guérissant les Malades, 1763 — L'Enfant prodigue chez le fermier. Deux pl. Très belles épreuves, la 1re *avant* l'adresse.

DREVET (Pierre)

72. Arnauld (Ant.), d'apr. Ph. de Champaigne (D. 14). Très belle épreuve.

73. Louis, Dauphin de France, d'apr. H. Rigaud (56). Très belle épreuve, *avant* l'adresse de Bligny, avec la pl., de dédicace.

74. Motteville (Hélène-Lambert, Mme de), d'apr. N. de Largillierre (98). Belle épreuve du 2e état (sur 3).

75. Noailles (L. A. de), d'apr. H. Rigaud (101). Très belle épreuve du 2e état, *avant* l'adresse de Bligny.

76. Rigaud (H.), d'apr. lui-même, 1721 (112). Très belle épreuve.

77. Rohan (Pce de), cardinal, d'apr. H. Rigaud (113). Très belle épreuve du 4e état (sur 6), sans marge.

78. Villars (L. H., duc de), d'apr. H. Rigaud (123). Belle épreuve (sans marge).

DREVET (P. I.)

79. Bernard (Samuel), d'après H. Rigaud (D. 11). Bonne épreuve (doublée).

80. Bossuet (J. B.), en pied, d'apr. H. Rigaud (12). Très belle épreuve.

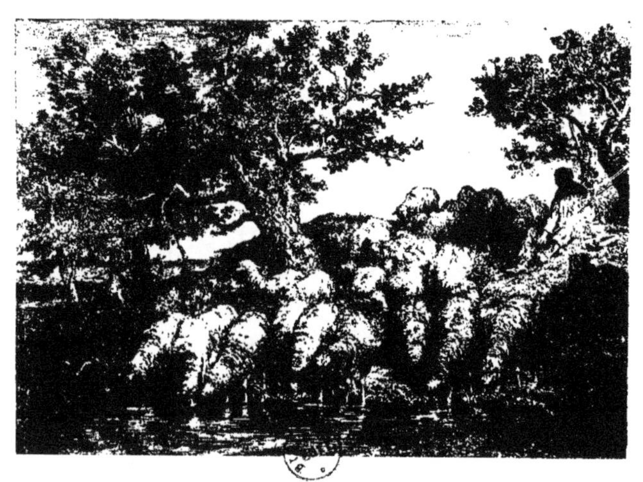

N° 137 du Catalogue.

81. Dubois (Guill., Cardinal), d'apr. H. Rigaud (15). Belle épreuve (petite cassure).

82. Le Couvreur (Adrienne), d'apr. Coypel (24). Tirage postérieur.

83. Louise-Adélaïde d'Orléans (20). Belle épreuve. Rare.

84. Louis (duc d'Orléans), d'apr. Ch. Coypel (21). Très belle épreuve du 1er état.

DREVET (les)

85. Boileau, d'apr. de Piles — Noailles (A. M. duc de), d'apr. de Troy — Duchesse de Nemours, d'apr. Rigaud — D. de Ste Marthe, d'apr. Cazes. Quatre pièces.

DULAC (Charles)

86. Le Cantique des Créatures. Série complète en doubles épreuves de tirages différents (la dernière pl. en 3 exempl.) Très belles épreuves dans le cartonnage de publication.

87. Suite de Paysages. Neuf planches en doubles épreuves de tirages différents (2 sont en triple exempl.). Belles épreuves dans le cartonnage de publication.

88. Le Credo, série demeurée inachevée. Cinq pièces, deux en double avec différences de tirage, soit sept pl. Très belles épreuves, *tirées en couleurs.* (3 signées).

On y a joint 2 pl. Etude d'arbres et Paysage au laboureur, soit sept pièces.

DUPLESSI-BERTAUX (J.)

89. Fête dédiée à la Vieillesse, d'apr. J. G. Wille. Très belle épreuve, *avant la lettre.*

DUPONT (Peter)

90. La Charrue. Superbe épreuve sur parchemin, *signée* (n° 9).

DYCK (Ant. van)

91. Breugel (J.) (D. 3). Très belle épreuve.

92. *Helena Forman, Rubens's second Wife,* par T. Chambars, 1767. Belle épreuve.

ÉCOLE FRANÇAISE (XVIIIe siècle)

93. Le Peintre de Paysage (Joseph Vernet). Très belle épreuve. Rare.

EDELINCK (Gérard)

94. Le Brun (Ch.), d'apr. N. de Largillierre (238). Belle épreuve.

95. Louis XIV, frontispice des *Hommes illustres* (253), 1er état, de la collection Mariette, 1698 — Nanteuil (R.) (282). Deux pièces. Très belles épreuves.

96. Pascal (Blaise), d'apr. Quesnel (290). Très belle épreuve de la collection A. Hubert.

97. Silvestre (Israël), d'apr. C. Le Brun (319). Belle épreuve.

FANTIN-LATOUR (H.)

98. A Victor Hugo — Centenaire H. Berlioz. Deux pl., *signées*.

FICQUET (Et.) — SAVART (P.) — St AUBIN

99. Montaigne — Le Grand Condé — Racine (J.) — Molière — Regnard — J. J. Rousseau — Bayle — Mme Deshoulières — La Fontaine, *avec* la remarque — Diderot — Necker — Condorcet. Douze pièces. Belles épreuves.

FONCE (Camille)

100. L'Etang aux canards. Très belle épreuve, *imp. en couleurs*, sur parchemin, *signée*.

101. La Rive inondée. Très belle épreuve d'essai, *imp. en couleurs*, sur parchemin, *signée.*

102. L'Arc-en-ciel. Très belle épreuve, *imp. en couleurs*, sur parchemin, *signée* (n° 42).

103. Barques au coucher du soleil. Très belle épreuve, *imp. en couleurs*, sur parchemin, *signée* (n° 56).

103 *bis*. Barques, le soir. Très belle épreuve, *imp. en couleurs*, sur parchemin, *signée* (n° 37).

FRANÇOIS (J. C.)

104. F. Quesnay, d'apr. Fredou. Rare épreuve, *avec la* légende explicative.

FRIESELHEM (P.)

105. Sully, d'apr. F. Porbus. Très belle épreuve, *imp. en couleurs*.

FULLWOOD (John) — PARRISH (St.)

106. Coucher de soleil — Lever de lune — Fishermen's Houses. Trois pièces. Très belles épreuves (2, avec remarque, sur japon, *signées*).

GAILLARD (C. F.)

107. Chateaubriand (6) — Vernet (H.) (9). Deux pl. Très belles épreuves, *avant la lettre*, sur chine.

108. Dom Guéranger (38). Superbe épreuve, *avant toute lettre*, sur chine, *avec* dédicace.

109. Sœur Rosalie (48). Très belle épreuve, à *la lettre grise*, sur chine, *signée*.

110. Joconde, d'apr. L. de Vinci (83). Très belle épreuve sur japon (n° 4).

GAULTIER (Léonard)

111. Blosseville (Alex. Bouchart, Vte de), d'apr. Dumonstier. Très belle épreuve.

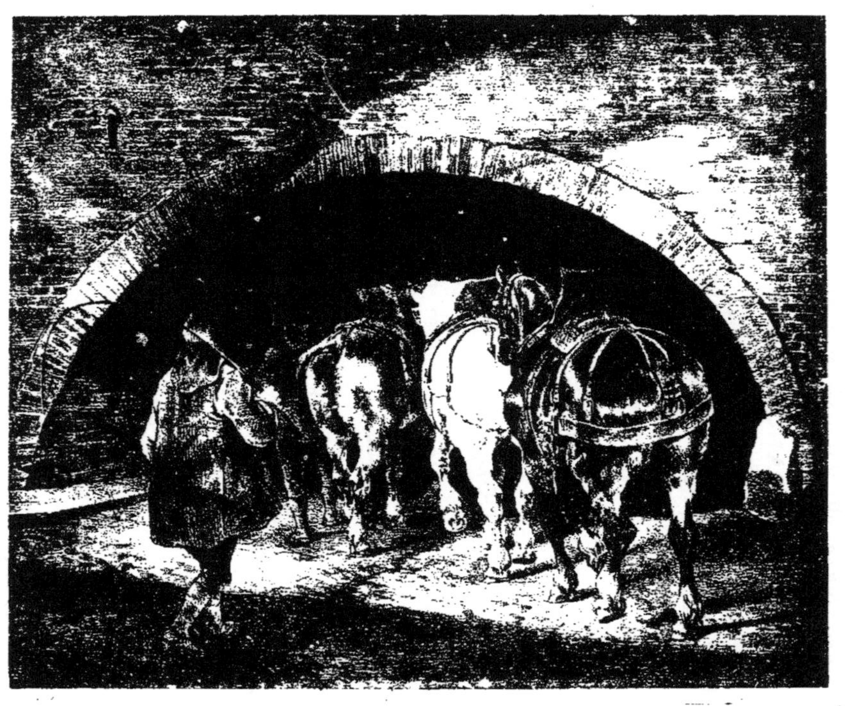

N° 121 du Catalogue,

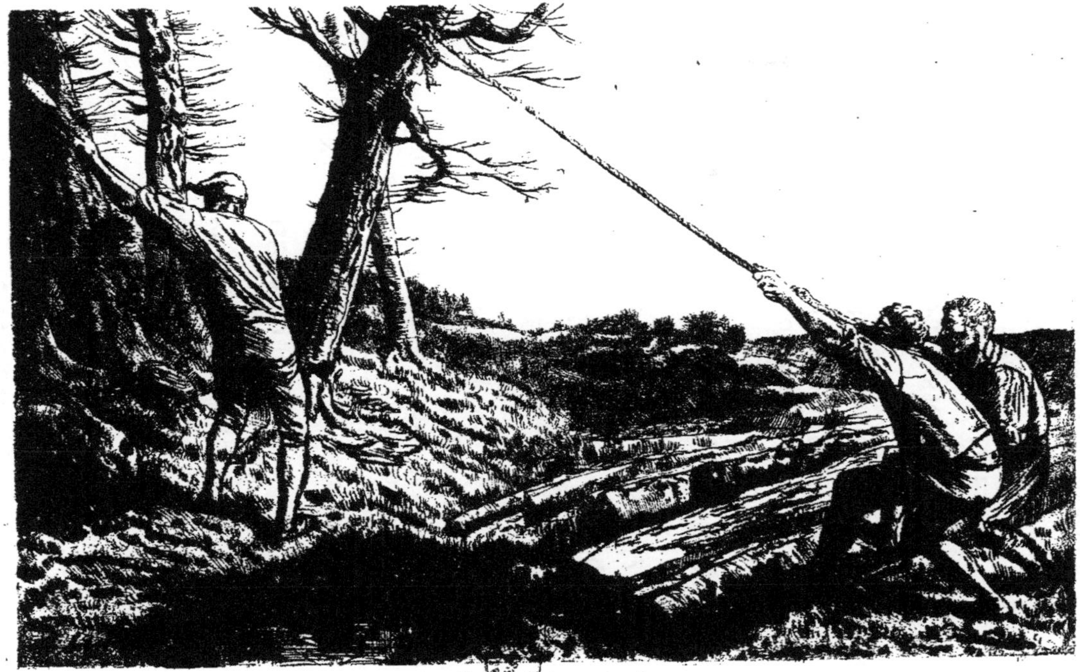

N° 159 du Catalogue.

GAVARNI

112. Gavarni, par lui-même — Gavarni, par Lafosse, 1867 — A. de Musset (79) sur chine. Trois pièces. Belles épreuves.

GELLÉE (Claude)

113. Le Pont de bois (14). Belle épreuve.

GÉRARD (d'apr. F.)

114. Louis XVIII, par F. Girard — Berry et ses enfants (D[sse] de), par A. Caron, d'apr. le même, 2 états. Louis-Phillipe, par Henriquel-Dupont — Murat, par Pradier — Entrée d'Henri IV dans Paris, par Bellay — Joseph Napoléon, par Pradier, *av[t] l. l.* Sept pl. Très belles épreuves.

GÉRICAULT (J. L. Th.)

115. Boxeurs (9 RR.). Très belle épreuve (piqûres).

116. Retour de Russie (12 R). Belle épreuve, *tirée avec teinte.*

117. Le Factionnaire Suisse au Louvre (14 R). Belle épreuve.

118. Chariot chargé de soldats blessés (10 RR). Très belle épreuve, de la collection Giacomelli.

119. The Piper (26). Très belle épreuve, de la collection Barrion.

120. *A Party of Life-guards* (28 R). Très belle épreuve.

121. *Entrance to the Adelphi warf* (31 R). Très belle épreuve des collections Moignon et Barrion (légères piqûres).

122. *Horses gaing to a Fair* (37). Belle épreuve. On y a joint une pl. par Carle Vernet, soit deux pièces.

GIFFART (Pierre)

123. Maintenon (Mme de) (D. 866). Très belle épreuve. Rare.

GREILSAMER (Aph.)

124. *Les Prolétaires, dix lithographies originales sur papier du Japon* — Paris, Imp. Nationale, 1904 — Album in-fol. (manque 1 pl.).

HADEN (F. Seymour)

125. The Herd (128) — A Brig at anchor (147). Deux pièces. Belles épreuves.

HENRIQUEZ — CHEVILLET — TARDIEU, etc.

126. Diderot, d'apr. L. M. Vanloo — D'Alembert, d'apr. Jollain — Monstesquieu — Buffon, d'apr. Drouais — St Simon, par Mariage — Harlay (Marie-Anne de). Six pièces. Belles épreuves.

HERVIER (Adolphe)

127. Cour de Ferme — Scènes familières — Maison normande — Têtes de fantaisie. Six pl. Très belles épreuves.
128. Paysages et scènes rustiques. Neuf lithographies. Belles épreuves sur chine, la plupart des collections Le Beuffe et Barrion.

HODGES (C. H.)

129. Maréchal Brune. Belle épreuve. Rare.

HUET (Paul)

130. Le Héron (7) — La Maison du garde (9) — Les deux Chaumières (10) — Le Braconnier (11) — Un Pont en Auvergne (12). Cinq pl. Belles épreuves, sur japon.
131. Près de Fontainebleau (16). Très belle épreuve *d'essai* du 2e état, *avant la lettre.*

ISABEY (d'après J. B.)

132. Congrès de Vienne, par J. Godefroy. Grand in-fol. Belle épreuve.

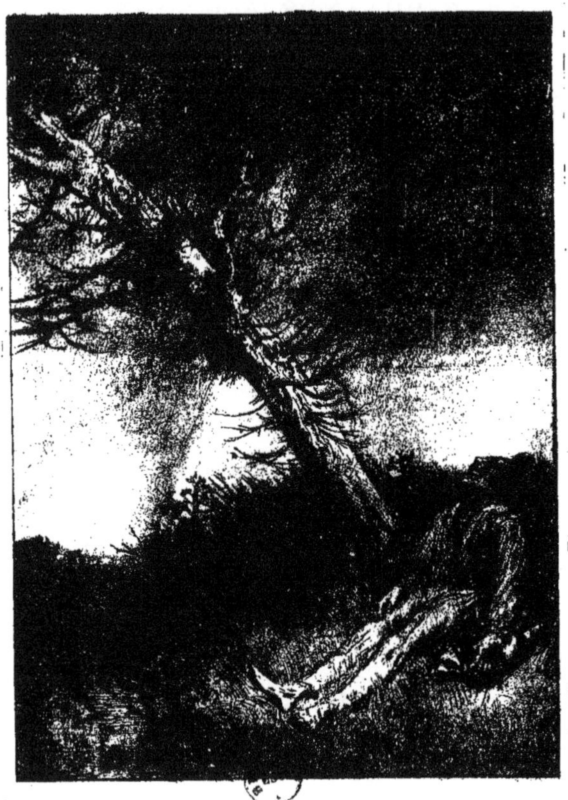

N° 157 du Catalogue.

ISABEY (Eugène)

133. Marée basse (G. H. 12 — 1er Etat) — Barque se hâlant sur une bouée (53). Deux pl. Très belles épreuves sur chine.

134. Retour au port, grande pl. (52). Bonne épreuve du 2e état (sur 3).

ISRAELS (Josef)

135. Enfants sur la plage — Pêcheuse de crevettes — Intérieur. Trois pièces. Belles épreuves (la dernière d'après Israëls).

JACQUE (Charles)

136. Intérieur de Bergerie, en hauteur (445). Très belle épreuve de remarque, *signée*.

137. Le grand Abreuvoir aux Moutons (470). Très belle épreuve avec *remarque*, sur parchemin, *signée*.

138. Paysages et animaux. Onze pièces.

139. Le Retour du troupeau, par Frédéric Jacque. Très belle épreuve, *avec remarque*, sur parchemin.

JANINET (J. F.)

140. Gabrielle d'Estrées, d'apr. Pourbus. Belle épreuve. *imp. en couleurs*.

JAZET (J. P. M.)

141. David (Louis), d'apr. Odevaere. Très belle épreuve, *avant la lettre*. — Louis XVI recevant le duc d'Enghien au séjour des bienheureux, d'apr. Roehn. Deux pièces.

JEANNE D'ARC (Est. relatives à)

142. Jeanne d'Arc. Cinq pl. par J. Le Clerc, L. Gaultier, Marcenay de Ghuy (*avt l. l.*), Sergent (*imp. en couleurs*), et un anonyme. Belles épreuves.

142 *bis*. Portraits, scènes, allégories. Dix-sept pl., estampes, photogravures et photographies.

JEANNIOT (G.) — BASTIEN-LEPAGE (J.). BOUDIN, etc.

143. Les Vieilles — Retour des Champs (B. I.), avec cache — Faucheur aiguisant sa faulx (2), état — Marine — Vieille Femme, par Nicholson. Cinq pl. Belles épreuves.

JEAURAT (E.) — CATHELIN (J.) — KLAUBER, etc.

144. Vleughels (N.), d'apr. A. Pesne — Vernet, d'apr. Vanloo. — Puget (P.) — Vanloo (C.) — Sartine (G. de), par Chevillet — Rollin (Ch.), par Baléchou.

JOULLAIN (Fr.)

145. François Desportes, d'après lui-même. Belle épreuve.

LAMBERT (Eugène)

146. Scènes de Chats. Six pièces. Très belles épreuves d'état.

LA TOUR (d'après M. Q. de)

147. Restout (Jean), par P. E. Moitte. Très belle épreuve.

LAURENCE (d'après Th.)

148. George IV, roi d'Angleterre, en pied, assis, par W. Finden. Très belle épreuve, *avant la lettre*, sur chine, *avec dédicace* du graveur.

LÉANDRE (Charles)

149. Modes de jadis, Deux pl. in-fol. Très belles épreuves, *imp. en couleurs, signées* (n° 57).

LEANDRE (Ch.) — WEBER (Jean)

150. Alb. Maignan, menu — Banquet de la Lithographie, 1908 — Un Dompteur — Portraits-charges. Onze pl. Très belles épreuves (3 *signées*).

LE BRUN (d'apr. Ch.)

151. Cérémonie du Mariage de Louis XIV et de Marie Thérèse d'Autriche, par E. Jeaurat. Très belle épreuve.

LEFEBVRE (Claude)

152. Boudan (Alex.) (R. D. 2). Très belle épreuve, de la collection Didot. — Patin (Ch.). Deux pièces.

LEGRAND (Louis)

153. Le Curé de campagne. Très belle épreuve, sur japon, *signée* (n° 3).

LEGROS (Alphonse)

154. Legros (Alph.), par lui-même (212). Belle épreuve.

155. La Charrue (81). Très belle épreuve sur chine.

156. Le Mouton retrouvé (86). Très belle épreuve, *signée*. Rare.

157. La Mort du vagabond (89). Superbe épreuve, *signée*.

158. La Pêche à la truble (90). Très belle épreuve, *signée*.

159. Les Bucherons (95). Très belle épreuve (n° 21).

160. La Mort et le Bucheron, 2ᵉ pl. (142). Très belle épreuve, *avant la lettre*, sur japon.

161. Les grands Arbres, effet de soir (172). Très belle épreuve, *signée*.

162. Les Faiseurs de fagots (182). Très belle épreuve.

163. Rodin (Aug.) (237). Très belle épreuve, *signée*.

164. Paysanne assise près d'une haie (241). Très belle épreuve, *signée*, de la collection Gerbeau.

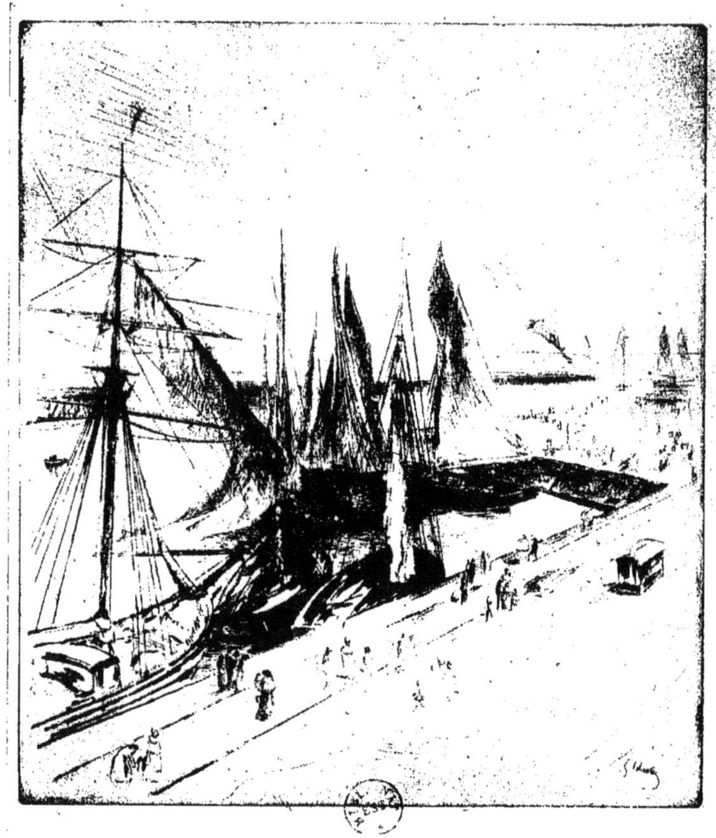

N° 171 du Catalogue.

165. Triomphe de la Mort (le Mort balaie les vices) (618). Très belle épreuve, *signée*.

166. Proth (Mario)? Très belle épreuve, *signée*.

167. Cardinal Manning (406), lithographie. Très belle épreuve sur chine, *signée.*

168. Petit portrait de Th. Carlyle (33) — Dalou, 2e pl. (41) — Gambetta (179) — Le Voyageur surpris par l'orage (226). Quatre pièces. Belles épreuves.

169. Pays boisé — Bords de la Somme, près d'Amiens Le Bachot. Trois pl. Belles épreuves.

169 *bis.* Paysan Breton — Femmes de Boulogne — L'Incendie — La Charette — Le Petit hangar. Cinq pl. Belles épreuves.

LEHEUTRE (Gustave)

170. Les Chaumières à St André. Très belle épreuve sur japon, *signée* (19/40).

171. Les Bateaux de pêche du Tréport. Très belle épreuve, *signée.* Très rare (1/8).

172. L'Écluse du Tréport. Très belle épreuve, *signée* (12/50).

LE MEILLEUR (G.)

173. Le Quai de Grenelle. Très belle épreuve, *signée.*

LEPÈRE (Auguste)

174. La Masure. Très belle épreuve, *signée* (13/35).

175. CINQUANTE CROQUIS DE AUGUSTE LEPÈRE, *reproduits en Héliotypie par Marotte* — Paris, Edm. Sagot, 1912 — L'un des 20 exempl. (nº 14) sur papier du Japon, avec un DESSIN ORIGINAL AJOUTÉ.

LEVACHEZ?

176. Louis XVI (à Paris, chez Basset). Superbe épreuve, *imp. en couleurs.* Rare.

LIOTARD (Jean-Étienne)

177. Hérault (René). Superbe épreuve. Rare.

LOCHON (R.) — EDELINCK (N.) — VERMEULEN, etc.

178. Chevreuse (Cl. de Lorraine, duc de), d'apr. Juste d'Egmont — Malebranche (N.), d'apr. Santerre — Nicole (P.) — Colbert (J. B.), par Lubin — Sacy (Le Maistre de), par Masson, d'apr. Nanteuil.

LOUIS XIV (Estampes relatives à)

179. Statue équestre de Louis le Grand, par S. Thomassin, d'apr. Coyzevox — Marie-Thérèse d'Autriche, par Pitau — Anne d'Autriche régente, avec Louis XIV et Philippe de France. Trois pièces. Belles épreuves.

LOUIS XVI (Estampes relatives à)

180. Louis XII, Henri IV, Louis XVI, par A. de St Aubin, d'apr. Sauvage, *av[t] l. l.* — Louis Dix-sept, par Gabrielli — Louis XVI, par N. Le Mire, d'apr. Duplessis, par Le Beau et par Le Vachez. Cinq pl. Très belles épreuves.

181. Scènes relatives aux derniers moments de Louis XVI et de Marie-Antoinette. Dix pièces par A. Cardon, Vendramini, Silano, Vérité, etc. d'apr. C. Benazach, Pelegrini, Bouillon et autres. Belles épreuves (2 *coloriées*).

LOUYS (J.)

182. Anne d'Autriche, d'apr. Rubens. Très belle épreuve du 1er état, des collections Behague et Malinet.

LUNOIS (Alex.) — WHISTLER (J. M. N.)

183. Le Vin, d'apr. Lhermitte. Très belle épreuve, *avec remarque*, sur chine, *signée* — La petite Forge, lith^ie^. Deux pièces.

MANET — SISLEY — PISSARRO

184. Marine (39), tirage postérieur — Paysage — Retour des Champs — La Rentrée du foin — Vachère — Faneuses. Six pl. Belles épreuves.

MALTESTE (Louis)

185. Léon Tolstoï. Très belle épreuve sur chine, *signée* (79/100).

MASSON (Antoine)

186. Louis XIV, d'après C. Le Brun (43). Très belle épreuve.

MELLAN (Claude)

187. Le Dépot de la Régence de France, entre les mains de la Vierge — St Jean Baptiste — St François — St Bernard, frontispice — Richelieu, 1er état. Cinq. pl. Très belles épreuves.

MOREAU LE JEUNE (J. M.)

188. Constitution de l'Assemblée Nationale, 17 juin 1789. Très belle épreuve *avant* la liste des noms.

MORIN (Jean)

189. Gondy (J. F. Paul de), d'apr. Ph. de Champaigne (54). Belle épreuve (piquée).
190. Louis XI (R. D. 63) — Marie de Médicis, d'apr. Pourbus (4 de l'app.). Deux très belles épreuves.

191. Verger de Hauranne (du), d'apr. Ph. de Champaigne (82). Très belle épreuve du 1er état.

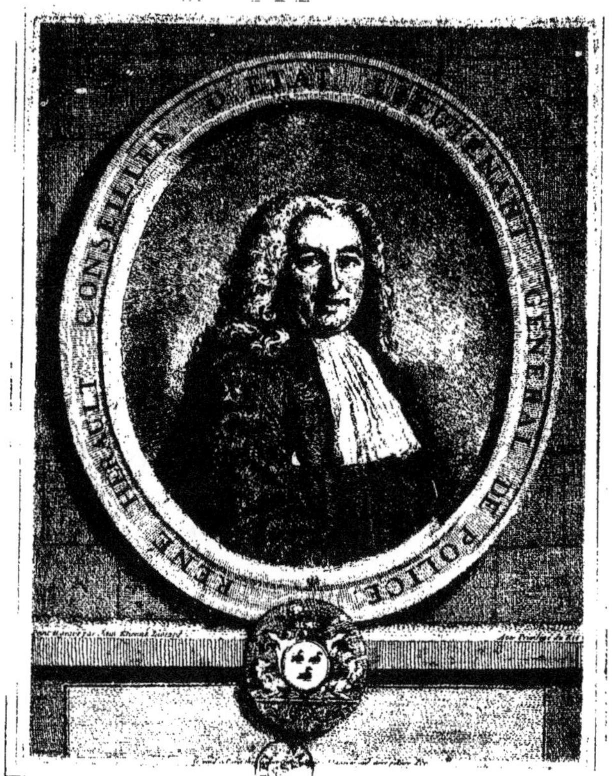

N° 177 du Catalogue.

NANTEUIL (Robert)

192. Buste du Christ (4) — Buste de la Vierge (5). Deux pl. Très belles épreuves (la 1re *av*t le changement dans la date), des coll. C. A. Mariette et L. Galichon.

193. Boileau (Gilles) (43), 2e état — Molé (Ed.) (193). Deux pl. Belles épreuves.

194. Bouillon (F. M. de la Tour d'Auvergne, Duc de) (49). Très belle épreuve.

195. Condé (le grand) (79). Belle épreuve.

196. La Meilleraye (Duc de), d'apr. J. d'Egmont (118). Très belle épreuve (légères taches).

197. Lamoignon (G. de) (119). Très belle épreuve.

198. Loret (Jean) (150). Belle épreuve.

198 *bis*. Mazarin (Cardinal) (174). Belle épreuve.

198 *ter*. Novion (N. Potier de) (207). Belle épreuve.

199. Péréfixe de Beaumont (H. de) (211). Belle épreuve du 1er état.

199 *bis*. Séguier (Pierre), d'apr. Ch. Le Brun (223). Belle épreuve du 1er état (remmargée dans le bas).

200. Coislin (Cardinal de) (R. D., appendice 3). Grand in-fol. Belle épreuve.

201 Autriche (Anne d') — Turenne — Fouquet (N.), épr. incomplète. Trois pl. (légèrement rognées).

NAPOLÉON Ier (Estampes relatives à)

202. Bonaparte à la Malmaison, par Lingée et Godefroy, d'apr. Isabey. Grand in-fol. Belle épreuve.

203. Bonaparte, 1er consul, sous le costume Corse, par Benoist, d'apr. Vigny. Très belle épreuve.

204. Marie-Louise, en pied, par J. Godefroy, 1810. Très belle épreuve (piqûres).

205. Napoléon Ier, par Vallot, d'apr. David. Très belle et très rare épreuve, à *l'état d'au-forte*.

206. Marie-Louise, par Ribault, d'apr. Bosio, épr. *coloriée* — Napoléon visitant une ambulance, par Jazet, d'apr. Bellangé — La Reine Hortense, par Laugier — Beauharnais (Eug. de). Quatre pièces. Belles épreuves.

207. Caricatures anglaises relatives à Napoléon Ier. Onze pièces, d'apr. J. Gillray. Très belles épreuves, *coloriées* (sauf 2).

208. Portraits et scènes diverses. Quatorze pl. par ou d'apr. David, Géricault, Isabey, Duplessi-Bertaux, Tassaert, etc., la plupart en belles épreuves.

NAPOLÉON III (Estampes relatives à)

209. Napoléon III, par Blanchard, d'apr. Muller — Jérôme Napoléon, par Mouilleron, d'apr. J. Gigoux — L'Impératrice Eugénie, par Jouanin, d'apr. Winterhalter, et par Pollet, *avt l. l., dédicace.*

NATTIER (d'après J. M.)

210. *Mme de**** (Pompadour) *en Flore*, par Voyez le jeune. Très belle épreuve.

211. La Force (Dsse de Châteauroux), par Baléchou. Très belle épreuve.

NELLI (N.) — BOYVIN (R.) — ANONYME

212. Le Dante — Henri II — Louis XIII enfant (collection Galichon). Trois pièces. Belles épreuves.

PARIS (Estampes relatives à)

213. Paris pittoresque, historique et archéologique, par A. Delauney, Ie, IIe et IIIe séries, soit 73 pl. Très belles épreuves.

213 *bis*. *Eaux-fortes sur le vieux Paris*, 22 pl. — 25 *Dessins anciens sur le Vieux Paris, de la collection de Me Destailleur*. Ensemble 49 pl. Très belles épreuves.

214. Le Vieux Paris s'en va, par H. Manesse, 1re et 2e séries, soit 20 pièces sous deux couvertures. Très belles épreuves ; *signées* (la 1re série, en 1er état).

215. Vues diverses — Fac-simile du plan de Merian. Dix-sept pl. par A. Delauney, Saffrey, Brunet-Debaisnes, Jouas-Poutrel, etc. Très belles épreuves.

215 *bis*. *Tableaux de Paris pendant la Révolution Française*, 64 dessins de Prieur, publiés par P. de Nolhac — Paris, 1902 — L'un des 100 exempl. (n° 19) sur japon — 1 vol. in-4 cart.

POILLY (Nicolas)

216. Louis XIV. Très belle épreuve (sans marge).

217. Mad^lle^ de Montpensier. Belle épreuve.

218. Orléans (Gaston, duc d'). Très belle et très-rare épreuve du 1er état, les armoiries *non terminées*.

219. Condé (le Grand), 1660. Très belle épreuve, des collections Didot et L. Galichon.

PORTRAITS

220. Peintres : Baudry (P.), par Bellay — Meissonier (E.), par Danguin — Ingres, par A. François — Ary Scheffer, par H. Dupont — Delacroix (E.), par Pinet et Sirouy — Courbet, par Vion — Ph. Rousseau, par Gilbert — Vernet (C.), par Jacquet — Chardin, par Gery Bichard — Rops — Henner, par Louise Abbema — Corot, par Bracquemond — Bonnat, par lui-même — Ziem — Daubigny — Keene. Dix-sept pl., la plupart *avant la lettre*.

221. Peintres : Coypel (A.) — Largillierre (N. de) — Bourdon (S.) — Callot (J.) — Vouet (S.) — Rubens (P. P.) — Robert (H.) — Greuze (J. B.). Huit pl. par Massé, Cars, Audran, Flipart, etc. Belles épreuves.

222. Musiciens : Chérubini, par Bertinot, d'apr. Ingres — Gounod, par A. Didier, d'apr. Delaunay — Raoul Pugno, par Léandre — Rameau (Ph.), par Delatre — Liszt — Rossini, par Thevenin — Haydn (J.) — Beethoven — R. Wagner, par Egusquiza. Neuf pl. Belles épreuves.

223. Famille Royale de France : François Ier — Henri II — Henri III — Louis XIII, — Marie de Médicis — Artois (Cte d') — Angoulême (Dsse d') — Aumale (duc d'), etc., 19 pl. par Huret, Grignon, Ponce, Chenu, C. Turner, etc. Belles épreuves.

224. Henri IV. Neuf pièces, par L. Gaultier, Hallbeck, Th. de Leu, Marcenay de Guy, etc. — Massacre de Henry le Grand (chez Odieuvre) — Henri IV ramené au Louvre, par Ransonnette. Ensemble onzes pièces. Belles épreuves.

224 *bis*. Calvin — P. de Besse — Charron (P.) — Marot (Cl.) — St François de Sales — Ronsard, etc., 12 pl. par L. Gaultier, L. Visscher, etc. Belles épreuves.

225. Poètes et écrivains : La Fontaine — Molière — Boileau — Racine — A. de Musset — Marivaux — Renan — Balzac — Victor Hugo — Michelet — Baudelaire — A. Dumas fils — Th. Gautier — E. Zola, 36 pl. par Massard, Le Nain, Anselin, Charon, Ingouf, de Groux, etc. Belles épreuves.

226. Femmes : Mme Récamier — la R. Mère Arnauld — Mme de Pompadour — Mlle Clairon — Mme V. Hugo — Mme Necker — Rachel — C. Falcon. etc., 17 pl. par Grevedon, J. Jacquet, Laugier, H. Dupont, R. Jackson, Littret, etc. Belles épreuves.

227. Mornay (Ph. de) — Passerat (J.), par S. Frisius — Harlay (Achille de), par T. van Merlen — Thou (J. A. de), par Lochon, d'apr. Dumonstier — — Meulen (F. vander) — Montespan (Mme de), par Gole — La Vallière (Mlle de), par Gole. Sept pl. Belles épreuves.

228. Sous ce numéro, il sera vendu en plusieurs lots, environ 75 portraits anciens et modernes, littérateurs, savants, hommes politiques, etc.

RAFFAELLI (J. F.)

229. La Route aux grands arbres. Très belle épreuve d'état, *imp. en couleurs*, *signée* (n° 7) (très légère épidermure).

RAIMONDI (M. A.) et son ÉCOLE

229 *bis*. Aretin (Pierre) — St Michel, d'apr. Raphaël — Pieta, par Beatrizet, d'apr. Michel-Ange — Martyre de St Pierre, par Luchesi, d'apr. Michel-Ange. Quatre pl. Belles épreuves.

REMBRANDT (d'après)

230. *Rembrandt's Mistress*, par J. G. Haïd. Bonne épreuve.

RENOUARD (P.) — TISSOT (J.)

231. L'Obsession (Gal Boulanger) — Le Veuf, *signée* et *timbrée*. Deux pl. Très belles épreuves.

RÉVOLUTION (Est. relatives à la)

232. Louis Seize couronné du Bonnet de la Liberté. Très belle épreuve, *tirée en bistre*, le bonnet *colorié*.

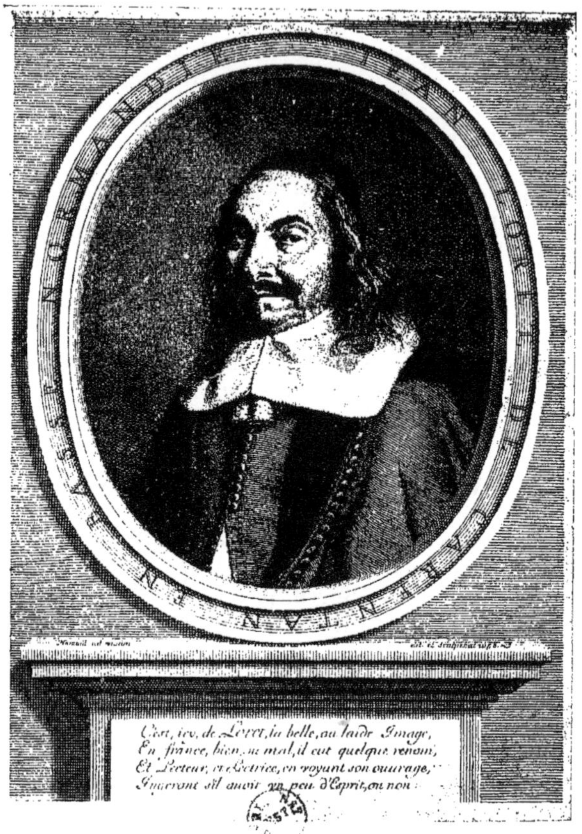

N° 198 du Catalogue.

233. Séance extraordinaire tenue par Louis XVI, 19 Nov. 1787, par Niquet — Ouverture des États-Généraux, par Helman, épr. *coloriée* — Prise de la Bastille — Vue du Champs-de-Mars, 14 juillet 1790 — Journée du 10 août 1792, par Helman, *av*[t] *l. l.* — La Nuit du 9 au 10 Thermidor an II, par Tassaert. Six pièces. Belles épreuves.

233 *bis*. Mort de Condorcet — Fête de la Fédération — Droits de l'Homme — Assemblée Nationale — Journée du 16 oct. 1793, etc. Sept pl. par Ardanipala, Helman, Pillot, etc. (une *coloriée*).

RIBERA (J.)

234. Le Corps mort de Jésus-Christ (B. 1.) — St-Pierre (7). Deux pl. Belles épreuves.

235. St-Jérôme lisant (3) — St-Jérôme (5). Deux pl. Très belles épreuves, la seconde *avec* les couleurs d'eau-forte *très apparentes*. On y a joint le Bœuf pie, par A. van de Velde, soit trois pièces.

ROCHEFORT (de)

236. Villars (L. H., Duc de), 1712. Très belle épreuve.

RODIN (Aug.)

237. Victor-Hugo de trois quarts (L. D. 6), 5e état — Becque (Henri) (9). Deux pl. Belles épreuves, la 2e *signée* des initiales (n° 75).

ROPS (Félicien)

238. L'Affuteur, *av^t^ l. l.* — Peine! Deux pièces. Très belles épreuves (la 2e *signée*).

ROUSSEAUX (E.)

239. Sévigné (Mme de), d'apr. R. Nanteuil. Très belle épreuve, *avant toute lettre*, sur chine.

RUISDAEL (Jakob)

240. Le Petit Pont (B. 1.) — La Chaumière au sommet de la colline (3). Deux pièces. Belles épreuves.

RUOTTE (L. C.)

241. Le Général Augereau au Pont d'Arcole, d'apr. Pointe. Belle épreuve de la collection Soulavie.

SCHMIDT (G. F.)

242. Evreux (L. de la Tour d'Auvergne, Cte de), d'apr. H. Rigaud. Très belle épreuve.

243. Mignard (P.), d'apr. H. Rigaud. Très belle épreuve (petites cassures dans le cadre).

SCHUPPEN (P. van) — PESNE (J.), etc.

244. Philippe de France, d'apr. J. Nocret — Arnauld (la Mère Angélique), d'apr. Ph. de Champaigne — Poussin (N.), d'apr. lui-même — Pope (A.), par Simon et Faber. Cinq pl. Belles épreuves.

SERGENT (A. F.)

245. Montmorency (Anne de) — Duguay-Trouin — Suffren (A. de) — Charles V, dit le Sage — Charlemagne — Charles VIII. Six pl. Belles épreuves, *imp. en couleurs.*

STORM VAN GRAVESANDE (Ch.)

246. Les Vagues (484). Très belle épreuve, *signée* (au verso épreuve de l'Abbatage en forêt).

STRANGE (Robert)

247. Charles Ier en pied, d'apr. A. van Dyck. Très belle épreuve.

TASSAERT (J. J. F.)

248. Charlotte Corday, d'apr. Hauer. Très belle épreuve.

THEVENIN (Charles)

249. Prise de la Bastille. Belle épreuve, *avant la lettre.*

THOMASSIN (S. H.)

250. *Louis Quinze*, portrait équestre, d'apr. Parrocel et Vanloo. Grand in-fol. Très belle épreuve.

VANLOO (d'après L. M.)

251. Marie Josephe de Saxe, Dauphine, par Charpentier — Louis Quinze, par Petit — Marie de Pologne. Belles épreuves (la 3ᵉ légèrement rognée).

VERMEULEN (C.)

252. Mignard (Pierre), d'apr. lui-même, 1690. Très belle épreuve.

WALTNER (Ch. Alb.)

253. St Mathieu, d'apr. Rembrandt. Très belle épreuve, *avec remarque*, sur parchemin, *signée.*

254. Sarah Bernhardt, d'apr. Bastien-Lepage. Très belle épreuve, *avec remarque*, sur parchemin, *signée.*

WATTEAU (d'après Ant.)

255. Louis XIIII mettant le cordon bleu à M. de Bourgogne, par N. de Larmessin. Belle épreuve.

WILLE (J. G.)

256. Gouy (Elizabeth de), d'après H. Rigaud. Belle épreuve — Singlin (A. de), d'apr. Ph. de Champaigne. Deux pièces.

ZORN (Anders)

257. Renan (Ernest) (Loys Delteil, 72). Superbe épreuve, *signée.*

258. Verlaine (Paul) (92) — Zorn, par lui-même, 2 pl. (180). Deux pl. Belles épreuves.

259. France (Anatole) (205). Très belle épreuve, *signée.*

260. Sous ce numéro, il sera vendu par lots, environ cent pièces anciennes et modernes, portraits, paysages, scènes de genre, etc.

261. Sous ce n°, il sera vendu des porte-cartons en chêne et des cartons à rabats provenant de la collection.

FRAZIER-SOYE

GRAVEUR-IMPRIMEUR

153-155-157, Rue Montmartre

PARIS

www.ingramcontent.com/pod-product-compliance
Ingram Content Group UK Ltd.
Pitfield, Milton Keynes, MK11 3LW, UK
UKHW020449180726
13839UKWH00004B/1726